Made in the USA
Las Vegas, NV
21 December 2020

14475884R00056